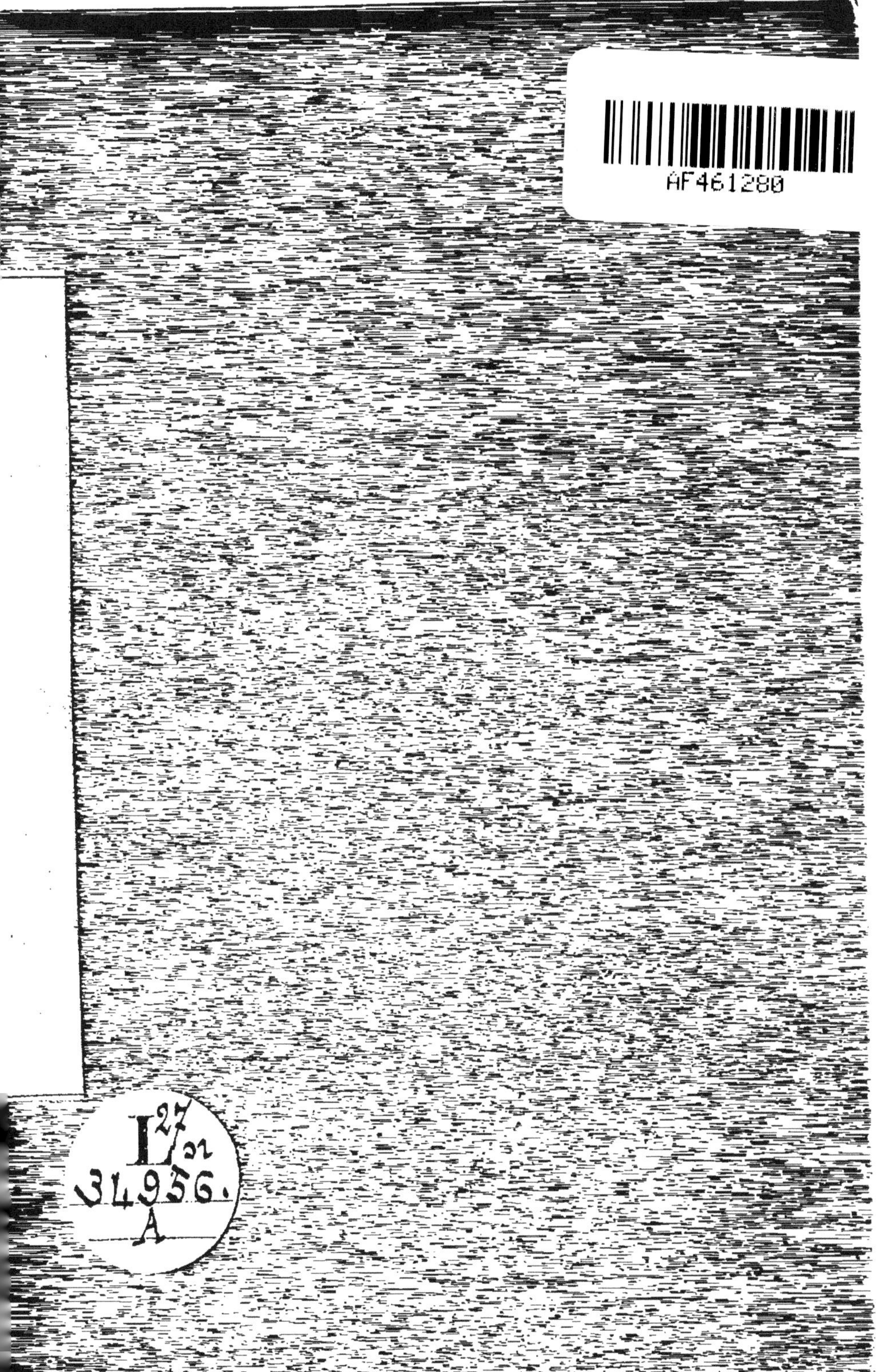
AF461280

COLLECTION PICARD

BIBLIOTHÈQUE D'ÉDUCATION NATIONALE

LES GRANDS FRANÇAIS

VILLARS

PAR

PAUL BONDOIS

Ancien élève de l'École des hautes études, agrégé d'histoire, professeur au lycée de Versailles.

AVEC PORTRAIT ET GRAVURES DANS LE TEXTE.

PARIS
LIBRAIRIE PICARD-BERNHEIM ET Cie
11, rue Soufflot, 11

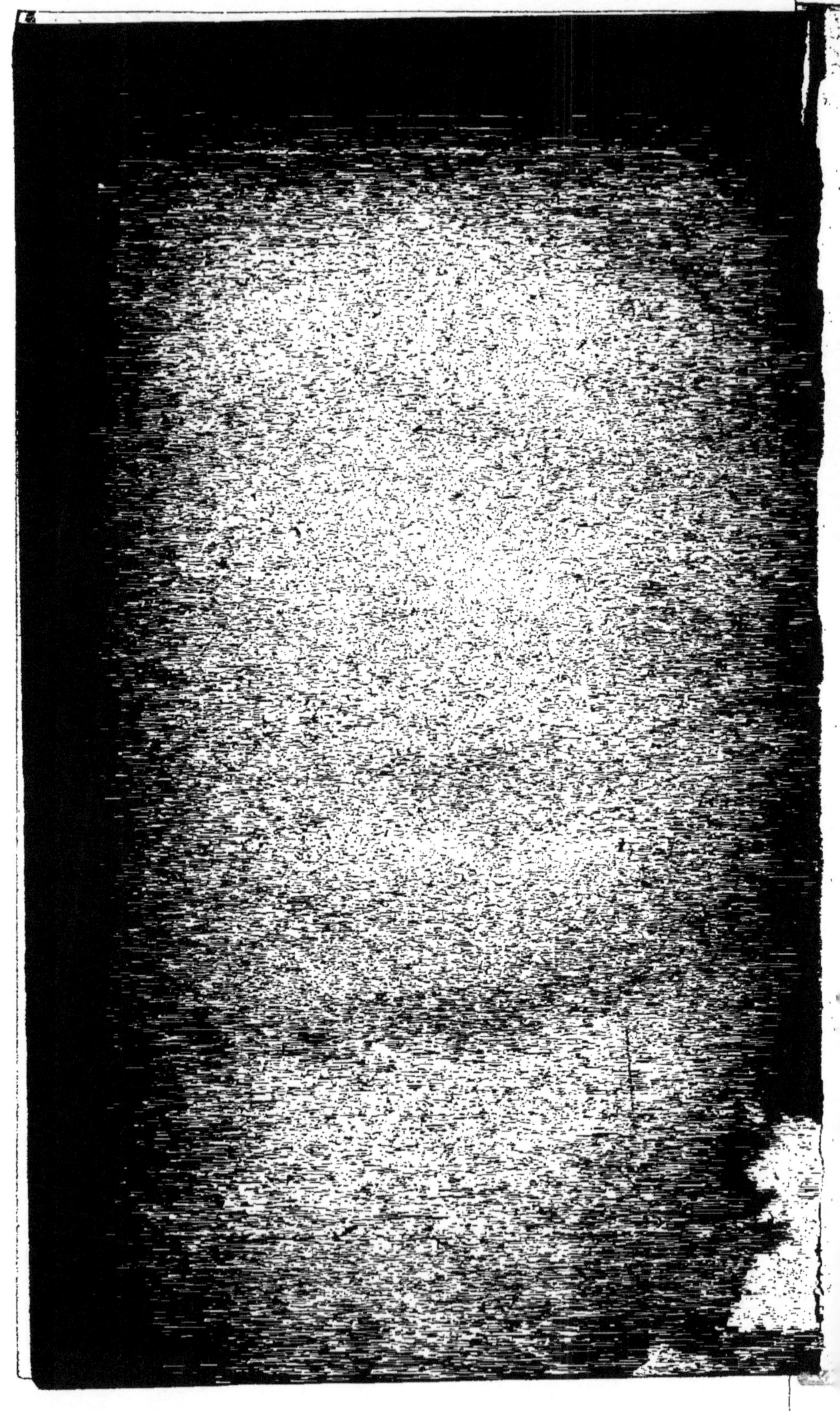

VILLARS

(1653-1734)

VILLARS

Collection PICARD

BIBLIOTHÈQUE D'ÉDUCATION NATIONALE
LES GRANDS FRANÇAIS

VILLARS

PAR

PAUL BONDOIS

Ancien élève de l'École des Hautes études, Agrégé d'histoire
Professeur au Lycée de Versailles

AVEC PORTRAIT ET HUIT GRAVURES DANS LE TEXTE

Ouvrage honoré de souscriptions du Ministère de l'Instruction publique.

DEUXIÈME ÉDITION

PARIS
LIBRAIRIE PICARD-BERNHEIM & Cie
11 — RUE SOUFFLOT — 11

VILLARS

(1653-1734)

I

LA VIE DE VILLARS

La vie de Villars est celle d'un soldat et d'un courtisan. Il fut un des hommes de guerre les plus brillants de la fin du règne de Louis XIV, et passa pour avoir joui d'un grand bonheur dans toutes ses entreprises. Il attendit longtemps le commandement en chef, et devint tout à coup, dans les premières années du dix-huitième siècle, le héros de la France, dont il releva la fortune compromise par l'ambition insatiable du roi le plus célèbre de la monarchie française. Villars n'hésita jamais à réclamer le prix de ses services, et se fit haïr de ses contemporains par ses prétentions et ses exigences. Sa carrière aussi bruyante que favorisée fut employée à la poursuite des grades et des richesses; mais il fit tout pour justifier son ambition, en contribuant, par ses victoires et ses talents, au salut ou à la grandeur de notre pays.

II

JEUNESSE DE VILLARS

Son père, Pierre de Villars, appartenait à une famille noble du Midi. C'était un caractère chevaleresque, un véritable héros de roman. Sa mère, Marie de Bellefonds, était d'une famille mal vue par le ministre de la guerre Louvois. Aussi Pierre de Villars, quoique destiné par son origine aux hauts grades militaires, vit-il sa carrière arrêtée par la haine du tout-puissant homme d'État qui avait la confiance de Louis XIV.

Le père de Villars fut cependant chargé d'ambassades importantes; mais il regrettait amèrement la fortune militaire qu'il avait manquée.

Louis-Hector de Villars, dont nous racontons la vie, était son fils aîné. Il naquit à Moulins, le 8 mai 1653. Son enfance fut bercée avec les plaintes de ses parents. Aussi résolut-il, dès cette époque, d'échapper, par tous les moyens possibles, à la disgrâce qui avait frappé son père. Il disait, étant encore enfant: « Je ferai une grande fortune, je suis résolu à chercher tellement les occasions, qu'assurément je périrai ou je parviendrai. »

Les conseils de sa mère devaient avoir sur sa destinée une grande influence. Mme de Villars, l'une des femmes les plus spirituelles de son temps, avait pénétré le caractère égoïste et personnel de Louis XIV. Elle engageait sans cesse son fils à se tenir le plus près possible du roi, à lui parler beaucoup de lui-même et à ne pas parler aux autres. C'est à cette première éducation qu'il faut attribuer l'attitude soumise de Villars auprès de Louis XIV, sa persistance à se faire valoir à tout propos et hors de propos, enfin sa hauteur à l'égard de tous, qui lui fit tant d'ennemis.

Les premières études de Villars montrèrent l'heureuse promptitude de son intelligence. Dans sa vieillesse, il se rappelait ses prix remportés au collége avec presque autant de plaisir que ses victoires, et il garda toute sa vie l'amour des vers et de la littérature.

A peine adolescent, il débuta dans la haute domesticité du palais du roi, comme *page de la grande écurie,* c'est-à-dire qu'il faisait partie des jeunes gens de haute famille élevés aux frais du roi dans la maison du grand écuyer du palais. Avec cette prudence qui s'alliait par extraordinaire chez lui à des manières un peu folles, il profita habilement de la vivacité et de la fougue de son caractère, qui ne l'abandonnèrent jamais, pour attirer sur lui l'attention de Louis XIV.

Après avoir été quelque temps attaché à l'ambassadeur de Berlin, assez sans doute pour acquérir ce qui lui permit d'être, plus tard, un habile diplomate, il fit ses premières armes en 1672, à dix-neuf ans, dans la guerre que la France fit aux Hollandais. Aussitôt éclatèrent cette bravoure impétueuse, cet amour du feu et des actions d'éclat qui furent l'un de ses grands moyens de parvenir.

Il faisait partie de la maison du roi; ses prouesses de jeune homme ne pouvaient donc être ignorées de Louis XIV. Il fut l'un des jeunes fous qui, lorsque les troupes françaises passèrent le Rhin en Hollande, se jetèrent à l'eau pour avoir l'honneur d'aborder les premiers.

Envoyé en Espagne pour une mission de peu d'importance, il s'en acquitta, pour ainsi dire, sans débotter, et se hâta de revenir en Hollande pour assister, sous les yeux du roi, au siège de Maestricht. Il se jeta à corps perdu dans les coups d'audace, et, en véritable enfant gâté, il n'hésita pas à désobéir aux ordres du roi, qui avait interdit aux jeunes officiers de sa maison d'aller à la tranchée. Louis XIV ne pouvait se montrer sévère pour tant de bravoure, et Villars fit si bien qu'il s'écria un jour, en parlant de lui : « Il semble, dès qu'on tire en quelque « endroit, que ce petit garçon sorte de « terre pour s'y trou- « ver. »

TURENNE (Henri de la Tour-d'Auvergne, vicomte de). — Grand homme de guerre, né à Sedan, le 11 septembre 1611, tué d'un boulet de canon à Salzbach, le 27 juillet 1675.

Villars, au milieu de ces emportements de la jeunesse, se possédait merveilleusement; tout en recherchant les dangers, il ne négligeait pas d'acquérir les connaissances nécessaires à un général. Il s'en servit plus tard pour écrire de nombreux mémoires, des plans de campagne et même un traité de la guerre encore manuscrit. Il acquit surtout l'expérience indispensable à la conduite des armées. Il était, en 1673, en Allemagne, sous les ordres de Turenne, qui faisait alors campagne sur le Rhin et sur le Mayn.

Villars obtint du maréchal d'être des *partis*, c'est-à-dire des corps de cavalerie légère, chargés d'éclairer l'armée, et plus tard, au milieu de ses hardiesses et de ses coups de tête, il eut toujours l'art de se garder avec une prudence et un soin minutieux, qui sont rarement le partage des officiers de caractère aventureux. Turenne à son tour remarqua le zèle de Villars, et le désigna pour passer colonel. Ce qui valait mieux encore, c'est que le futur maréchal avait pu étudier, sous le plus grand capitaine du dix-septième siècle, les savantes combinaisons d'un génie réfléchi et calculateur.

CONDÉ (Louis II de Bourbon, prince de), surnommé *le grand Condé*. — Illustre capitaine, né à Paris le 8 septembre 1621; mort à Fontainebleau le 8 décembre 1686.

Envoyé en 1674 en Flandre, à l'armée du grand Condé, il assista à la bataille de Seneffe, la dernière qui fut livrée par ce général tout d'inspiration, et chez lequel le coup d'œil sur les champs de bataille suppléait aux longues méditations préparatoires. Villars se tenait, comme toujours, le plus près possible du commandant en chef, et, à peine âgé de vingt et un ans, il ne craignait pas de prendre la parole à côté du vainqueur de Rocroy.

Les Hollandais avaient changé de front; quelques officiers de l'entourage de Condé dirent que l'ennemi refusait le combat. « Ils ne fuient pas, s'écria Villars, mais ils changent leur ordre. » Et, pressé par le général lui-même d'expliquer les raisons de son opinion, il le fit avec autant de clarté que de certitude.

Pour achever l'heureuse impression qu'il avait faite sur le grand homme, le jeune audacieux, voyant Condé charger à la tête d'une colonne, s'écria : « Voilà ce que je désirais le plus au monde : voir le grand Condé l'épée à la main. »

Tant de coup d'œil et d'à-propos méritait une récompense. Villars fut nommé colonel de cavalerie (28 août 1674); il avait vingt et un ans. Disons vite que bien des jeunes nobles avaient obtenu le même grade avant cet âge, sans l'avoir autant mérité.

Mais l'avancement pour Villars n'était qu'un aliment donné à son ambition et une excitation de plus à se distinguer. Placé, en 1676, sous les ordres du maréchal de Schomberg, vieux et prudent militaire, il eût voulu que l'armée ne se contentât pas de sa mission spéciale, qui était de débloquer Maëstricht, et livrât quelque bataille importante.

Malgré toute sa circonspection, Schomberg se laissa quelque peu gagner par cette ardeur communicative : il donna au jeune colonel cinq cents hommes, avec lesquels il gêna considérablement la retraite du prince d'Orange, et le vieux maréchal, qui voyait avec plaisir cette impétuosité toute militaire et toute française, lui dit en souriant : « Nous « aurions été brouillés, si je ne vous avais « pas donné un détachement pour suivre vos « amis les Hollandais, que vous ne sauriez « perdre de vue. »

Pendant tout le reste de la guerre de Hollande, Villars montra les mêmes qualités. En 1677, il était sous les ordres de Luxembourg, le brillant élève de Condé, en Flandre, à la bataille de Mont-Cassel. Pour son malheur, il commandait la réserve de la cavalerie, qui reçut l'ordre de ne pas agir, alors qu'il était persuadé que son intervention aurait transformé cet honorable succès en une grande victoire. Il était encore en Alsace à la bataille de Kochersberg. A Kehl, à Fribourg, il émerveillait le maréchal de Créquy, l'un des hommes les plus braves de la France, et l'armée tout entière, en montant sur la brèche avec un habit brodé d'or.

Sa bravoure n'était pas d'ailleurs désintéressée, il en réclamait hautement le prix; il voulait être brigadier, nous dirions aujourd'hui général de brigade. Mais Louvois oubliait rarement ses inimitiés; il profita des gasconnades et des folies de jeunesse de Villars pour arrêter la nomination. Vainement le solliciteur déçu ne cessa jamais de demander, le ministre ne cessa jamais de refuser. Mais faut-il se décourager pour cela? Aucunement. « Je résolus, a dit Villars, de « me faire un mérite qui forçât la fortune

« en ma faveur, et de la surmonter ou de « périr. » Malheureusement pour ses résolutions, la paix de Nimègue venait de terminer la guerre de Hollande (1678).

LOUVOIS (Marquis de). — Né à Paris, le 18 janvier 1639, mort à Versailles, le 16 juillet 1691, au moment où le roi allait le mettre en disgrâce. Louvois a rendu de grands services en organisant l'armée; mais l'histoire lui reproche ses cruautés et surtout la persécution des protestants (les Dragonnades, 1685). Voir page 41.)

La carrière militaire était momentanément interrompue; il tourna son ambition d'un autre côté, sans pouvoir d'abord réussir à la satisfaire. Il fut laissé de côté jusqu'en 1686; quand il fut employé de nouveau, il avait trente-trois ans. Sa jeunesse était finie, sans qu'il eût jamais pu se débarrasser de ces allures bruyantes qui faisaient croire à la frivolité de son caractère et au peu de solidité de ses talents.

III

VILLARS DIPLOMATE

Son inaction lui avait pesé cruellement. Il n'était pas de coup d'épée qui se donnât en Europe sans que Villars regrettât amèrement de n'en pas avoir sa part. Les projets les plus extravagants naissaient dans son imagination inquiète et impatiente; c'était le moment où les Turcs tentaient de se maintenir encore en Hongrie, et menaçaient les Autrichiens dans Vienne. Une première fois il avait fallu l'intervention de Jean Sobieski, le plus grand des rois de Pologne, pour délivrer la capitale de l'empereur Léopold. Villars désirait ardemment combattre les Turcs, courir les aventures, et apprendre à connaître une nouvelle manière de faire la guerre.

Il réussit enfin (1686) à être envoyé à Vienne, auprès de l'empereur, pour lui faire des compliments de condoléances sur la mort de sa mère. La mission était beaucoup plus importante qu'elle ne paraissait. L'ambition de Louis XIV avait soulevé toute l'Europe contre la France. Il s'agissait de

Il reçut les compliments de Louis XIV.

pénétrer les dispositions de l'Autriche. Villars montra que les talents militaires et la bravoure pouvaient être réunis avec la finesse et l'habileté nécessaires à un ambassadeur. Il devina les intrigues des ministres de l'empereur, et prévint le gouvernement français que la ligue formée à Augsbourg, contre Louis XIV, était prête à déclarer la guerre. Mais Villars ne s'en tint pas aux seuls termes de ses instructions. Il noua à Vienne des relations avec l'électeur de Bavière, et commença à le détacher du parti de l'empereur Léopold. Au milieu de ses occupations, il n'oubliait pas son désir de se mesurer avec les Turcs. Il assista à la grande bataille de Mohacz, qui arrêta définitivement les Ottomans en Hongrie. Sa furie française le fit remarquer, comme il l'avait été d'ailleurs partout; et il reçut des ministres de l'empereur des témoignages publics d'estime.

Il suivit alors l'électeur de Bavière dans Munich, sa capitale, et continua à lui inspirer de la défiance contre les autres princes allemands. Dans un court voyage qu'il fit en France (1687), il reçut les compliments de Louis XIV et fut admis aux fêtes les plus intimes de la cour. Renvoyé à Munich en 1688, il allait reprendre les négociations; mais il arrivait trop tard pour empêcher l'électeur de prendre part, dans les armées allemandes, à la guerre qui venait d'être déclarée, et qui est connue dans l'histoire sous le nom de guerre de la *ligue d'Augsbourg*.

Il avait été si bien sur le point de diviser l'Allemagne, qu'il parcourut à toute bride la Bavière et le Wurtemberg pour échapper à l'exaspération des populations. En Suisse, sa voiture fit une chute épouvantable dans les fossés de Bâle; il n'échappa à la mort que par miracle. Louis XIV, qui connaissait son homme, flatta la manie dominante de Villars, qui affectait de croire à son étoile. « J'ai « trop bonne opinion, lui dit-il, du marquis « de Villars, pour croire qu'il ait pu périr « d'une chute dans les fossés de Bâle. » Il se reprit donc à espérer un rapide avancement; et, quittant la diplomatie à laquelle il s'était résigné, il revint gaîment au métier des armes dont il attendait davantage.

Mais l'heure n'avait pas encore sonné pour Villars, et pendant la guerre de la ligue d'Augsbourg, qui vit fuir rapidement les années de son âge mûr, il n'arriva pas encore au commandement en chef qu'il rêvait.

Il fut cependant successivement commissaire général, c'est-à-dire inspecteur de la cavalerie, maréchal de camp (général de division), lieutenant général (chef de corps), gouverneur de Fribourg, l'une des clefs de la France en Allemagne. Mais ce n'étaient pour lui que des satisfactions insuffisantes. Aussi « se dévorait-il », en voyant l'inaction et l'incapacité des chefs d'armée qu'on lui préférait.

Vainement envoyait-il mémoires sur mémoires et plans sur plans au roi, vainement lui faisait-il part de ses idées sur une campagne en Allemagne, dont il avait étudié avec soin les entrées par la forêt Noire, Louis XIV le recevait en audience, le félicitait de ses brillantes conceptions, mais se montrait peu disposé à les exécuter, tant l'intempérance du geste et de la parole faisait paraître Villars incapable des grandes affaires.

La paix de Ryswick (1697) fut signée par la France au moment où, victorieuse, elle aurait pu exiger de l'Europe de sérieux avantages. Mais le roi Charles II d'Espagne allait mourir sans enfants. Louis XIV, son beau-frère, prétendait à son héritage pour l'un de ses petits-fils. D'autre part, l'empereur Léopold espérait faire signer au roi d'Espagne, son parent, un testament en faveur de son second fils Charles.

Villars fut envoyé une seconde fois à Vienne, comme ambassadeur extraordinaire. Il fit tous ses efforts pour représenter la France avec éclat. Il y mit surtout cette vanité qui le caractérisait. Il se fit suivre d'un bagage immense et d'un train de prince. Il se vantait, au grand scandale des courtisans, d'avoir acquis tout ce luxe sans bourse délier, au moyen de spéculations peu convenables à un ambassadeur.

D'ailleurs il rendit, dans sa nouvelle mission, des services plus signalés encore qu'en 1686. Il sut pénétrer et déjouer toutes les tentatives des ministres autrichiens pour occuper les possessions italiennes de l'Espagne, avant la mort de Charles II. Il prévit rapidement que la guerre était inévitable, Louis XIV et l'empereur Léopold refusant de rien céder de leurs prétentions.

Aussi étudiait-il de près les généraux allemands qui se trouvaient alors à Vienne.

Seuls, deux d'entre eux, le prince Eugène de Savoie et le prince Louis de Bade, lui paraissaient des adversaires dignes de lui. Aux autres hommes de l'Empire, Villars, naturellement haut et fanfaron, montrait le peu de cas qu'il faisait d'eux.

Cette attitude, qui indiquait clairement les projets belliqueux de Louis XIV, éloigna de l'ambassadeur français tous les personnages de la cour de Vienne. Le prince Eugène fit exception; il se sentait détesté par les courtisans autrichiens; estimant les talents de Villars, il continua à le visiter. Ces relations furent exploitées à Versailles contre lui, et on chuchota le mot de trahison. Louis XIV eut l'esprit de fermer les oreilles à ces propos ridicules.

Toutefois, lorsqu'il eut accepté le testament de Charles II, mort en 1700, en faveur de son petit-fils, le duc d'Anjou, lorsque Villars fut rappelé en France et que la guerre de la Succession d'Espagne commença, le roi refusa encore aux sollicitations de son ambassadeur à Vienne le commandement supérieur qu'il avait enfin espéré, et il se contenta de lui adresser quelques-unes de ces paroles aimables qu'il regardait comme une récompense suffisante.

Villars, à demi satisfait dans sa vanité, à demi découragé dans son ambition, se résigna cependant avec bonne humeur et répondit plaisamment: « Il faut donc que « je porte sur ma poitrine tout ce que Votre « Majesté me fait l'honneur de me dire; car « qui pourrait penser que je l'ai bien et fidè- « lement servie, lorsqu'elle ne fait rien pour « moi. »

IV

VILLARS A FRIEDLINGEN ET A HOCHSTEDT

Villars fut donc envoyé en Italie sous les ordres du maréchal de Villeroy, dont l'incapacité était un article de foi pour tout le monde, excepté pour le roi et pour sa seconde femme, Mme de Maintenon, qui jugeaient de ses talents par sa piété. Il passa ensuite sur le Rhin, sous les ordres du maréchal de Catinat, général distingué, mais dont le génie réfléchi et timide mettait chaque jour à l'épreuve l'impatiente ardeur de Villars, resté, à quarante-neuf ans, l'homme des projets audacieux et des entreprises hasardeuses.

Commençant peut-être alors à se dégoûter de l'ambition, Villars songea à se faire une famille. En 1702, il épousa la belle Mlle de Varangeville, auprès de laquelle il devait passer encore de nombreuses années. Il vécut assez pour voir ses deux fils atteindre l'âge d'homme. A ce moment même la fortune lui devint enfin favorable, et il atteignit le but qu'il avait poursuivi pendant toute sa carrière.

L'électeur de Bavière, espérant, d'après les promesses que Villars lui avait faites autrefois, obtenir avec l'appui de Louis XIV la suprématie dans l'Allemagne du Sud, venait de se déclarer pour la France. Isolé au milieu de nombreux ennemis, il demandait instamment que l'armée française du Rhin passât les défilés de la Forêt-Noire et vînt lui porter secours.

C'était un ancien plan de Villars, et Catinat n'avait pas les qualités nécessaires pour l'exécuter. Il temporisait, au grand désespoir de son lieutenant, qui renonçait à lui inculquer un peu de cette audace « nécessaire, disait-il, à quiconque mène des Français ».

Villars fit tant auprès du nouveau ministre de la guerre, Chamillard, qu'il obtint de diriger l'avant-garde, sous sa propre responsabilité. Il se trouvait en réalité, depuis ce jour, soustrait à l'autorité de Catinat. Il se hâta d'agir, passa le Rhin, mais fut arrêté dès le début par l'inaction de l'électeur. Ces retards mettaient le général français « hors de lui ». Il essaya de donner le change à son impatience en se tournant contre le prince de Bade, qui défendait les passages de la forêt Noire.

Après une série de brillantes manœuvres, il l'attaqua sur une colline près de Friedlingen, avec tant d'impétuosité, que les Allemands perdirent leurs munitions, leur artillerie, et se sauvèrent pendant six lieues dans les bois avant de se rallier.

Les Français se sentaient enfin conduits comme ils voulaient l'être. Depuis long-

Villars fut acclamé par ses troupes sur le champ de bataille.

temps, déjà, le soldat aimait en Villars ce langage tour à tour plein d'autorité et de familiarité, qui lui donne à la fois confiance dans un chef sûr de lui, et le lui fait aimer comme un compagnon de danger. Les troupes croyaient volontiers, comme lui, en son étoile; et le temps lui-même, lorsqu'il était beau, ne pouvait être, selon leur expression, « qu'un temps de Villars ».

La victoire de Friedlingen remplit l'armée d'enthousiasme; elle proclama le vainqueur, maréchal de France sur le champ de bataille (octobre 1702). Mais telle était la haine inspirée par le caractère de Villars, que ses ennemis de Versailles essayèrent d'attribuer le succès au commandant de la cavalerie, brave officier, qui y avait pris une grande part, et que le général, désirant garder pour lui toute la gloire et tous les profits, n'avait d'ailleurs pas signalé suffisamment. Louis XIV sut faire la part de la vérité et ratifia la nomination de Villars.

Le nouveau maréchal, devant lequel Catinat se retira modestement, s'aperçut bientôt que le commandement en chef n'était pas sans épines. L'hiver, la difficulté des routes retardèrent encore la jonction des armées française et bavaroise, si ardemment souhaitée.

Au moins, Villars trouvait-il l'occasion de faire valoir toutes ses qualités de général l'activité, la prévoyance, le courage, la gaieté. Se plaint-on autour de lui de la pluie ou de la gelée? Il répond sans se troubler: « Pendant la pluie, on remue les terres pour les retranchements, pendant la gelée on fait les transports ». Si les soldats souffrent trop de la rigueur de la saison, il passe le soir dans les bivouacs, boit à la gourde d'eau-de-vie du premier venu, et les laisse convaincus, selon son expression, « qu'il n'est rien d'impossible à des Français ». Enfin il s'expose assez souvent dans les tranchées pour entendre bourdonner autour de lui « qu'il n'était pas si nécessaire qu'un maréchal y fût si souvent. »

Malgré son désir d'aller en avant, Villars voulait préparer à loisir ses nouveaux succès. Aussi vit-on tout à coup ce général, sur l'audace duquel on avait tant compté, arrêter prudemment sa marche.

A la cour, on fut à la fois surpris et irrité. Ses ennemis dénonçaient son inaction et l'attribuaient aux causes les moins honorables. Louis XIV et Chamillard lui adressaient des dépêches pleines de vivacités, presque de reproches, et lui ordonnaient d'opérer à tout prix sa jonction avec l'électeur de Bavière.

Trop intéressé à réussir pour rien laisser au hasard, Villars employait toutes les ressources de son esprit ingénieux à amuser l'impatience du roi. Il ne pouvait pas non plus s'empêcher de tirer parti d'avance, pour son avantage, de ce que l'on attendait de lui. Il mettait toute son habileté à faire pressentir qu'avec l'espoir de plus grandes récompenses il était prêt à faire davantage. « J'aurai « l'honneur, écrivait-il à Chamillard, de « vous dire que vous vous y prenez très « mal. On commence par me gronder; ce « n'est pas la bonne manière; il fallait me « mander : Sa Majesté envoie à M. l'élec- « teur de Bavière un brevet de Duc, pour « vous le remettre, quand son armée aura « rejoint les troupes bavaroises; après cela, « forcez l'Empire à la paix, et nous verrons « si l'on pourra croire sérieux ce que vous « avez bien vu qui ne l'était pas, quand je « vous ai parlé de l'emploi de connétable ». Il fallait au génie de Villars *l'espoir des grandes ambitions.* A tout le moins, il restait fidèle à la devise de toute sa vie : *justifier sa fortune par ses services.*

Ses conditions posées, Villars résolut de reprendre dès le printemps suivant ses habitudes d'initiative militaire. Il fit reconnaître les passages de la forêt Noire et marcha résolument sur le prince de Bade, qui s'était retiré derrière les célèbres fortifications, appelées *lignes de Stolhoffen.* Cette fois ce furent les officiers de son entourage qui s'opposèrent à la témérité de l'entreprise.

Tout en se plaignant de cette circonspection « qui, disait-il, a fait oublier à plusieurs la véritable guerre », Villars ne fut pas fâché d'excuser ainsi sa patience aux yeux de Louis XIV. Tournant alors brusquement vers le sud, il s'engagea dans les défilés de la forêt Noire, et après une marche pénible il déboucha dans le bassin du Danube et joignit ses troupes à celles de l'électeur (8 mai 1703).

Ce jour-là Villars avait cinquante ans. Mais ses défauts, comme ses qualités, l'empêchèrent aussitôt de tirer parti de cette brillante opération. Il se plaignait du peu de cas que le prince paraissait faire de lui, il constatait avec amertume que l'électeur ne le plaçait pas à table au-dessus des autres convives.

Une autre cause de brouille, plus délicate encore, c'était la répartition des contributions de guerre frappées sur l'ennemi. L'armée française était pauvre, il avait lui-même de grands besoins, et trouvait parfaitement légitime de s'enrichir aux dépens des adversaires de la France. L'électeur, de son côté, était fort pressé d'argent. De là des discussions peu édifiantes entre lui et Villars. Le général français reprenait tout l'avantage dans les plans qu'il proposait. En dehors des connaissances acquises par l'expérience, il était encore servi par l'instinct de la grande guerre.

Le premier plan de Villars était de marcher droit sur Vienne, comme Napoléon le fit plus tard en 1805. Il savait la ville incapable d'une longue défense. Devant l'effarement de l'électeur, qui, plein d'inexpérience et d'incapacité, ne pouvait comprendre l'audacieuse simplicité de ce projet, il proposa de communiquer avec Vendôme par le Tyrol, et de marcher sur Vienne par l'Italie et par l'Allemagne ; c'était le plan qui fut tracé à Napoléon et à Jourdan par Carnot, au commencement du Directoire.

Villars trouvait cette opération aussi simple que d'aller de Paris à Orléans. Exagération à part, le prince Eugène, qui commandait en Italie, eut un moment d'inquiétude, et avoua que le plan de Villars, bien exécuté, aurait décidé de la paix.

L'électeur n'accepta pas non plus à temps ce deuxième plan ; et lorsqu'il l'adopta en apparence, ce fut seulement pour s'emparer du Tyrol, éternel objet des convoitises des Bavarois. Il perdit son temps à s'emparer du pays au lieu de tendre la main à Vendôme, qui fut forcé de se retirer.

Villars, laissé seul sur le Danube, voyait sa poudre diminuer, l'armée autrichienne du comte de Stirum approcher, et ses troupes abandonnées au cœur de l'Allemagne.

Il ne s'abandonna pas lui-même. Profitant du retour de l'électeur, bientôt chassé du Tyrol, il se précipita à Hochstedt sur Stirum (20 septembre 1703), et le chargea avec une telle furie, qu'il le culbuta et lui tua huit mille hommes.

Ce beau succès fut encore nié par les ennemis de Villars, et l'un de ses lieutenants en réclama vainement d'ailleurs toute la gloire; le maréchal, qui ne détestait pas d'avoir des envieux, refusa de se venger. Il souffrit davantage du désaccord qui augmentait chaque jour entre lui et l'électeur.

Le prince bavarois avait pris peu de part à la victoire d'Hochstedt. Villars avait même craint un moment qu'il ne passât à l'ennemi. Il refusait toujours de se prêter aux plans du général français. Les altercations devenant de plus en plus violentes, le maréchal (novembre 1703) demanda et obtint son rappel.

Il revint en France par la Suisse, les coffres pleins. La campagne d'Hochstedt avait montré une fois de plus ses vices et ses vertus : avidité, hauteur et fanfaronnade, mais aussi : coup d'œil du capitaine, énergie dans l'exécution, présence d'esprit et intrépidité.

V

VILLARS DANS LES CÉVENNES

Il était difficile de laisser dans l'inaction le vainqueur d'Hochstedt, son retour était presque un triomphe. Il avait gagné la seule grande victoire que la France eût encore remportée dans la guerre de la Succession d'Espagne. Louis XIV lui offrit de servir en Italie, sous les ordres du duc de Vendôme, qui avait du sang royal dans les veines.

Villars ne croyait plus devoir ni pouvoir servir sous personne, il se récusa. Il resta inoccupé quelque temps, mais Louis XIV lui confia bientôt le soin de mettre fin à l'insurrection des protestants dans les Cévennes.

Pendant longtemps les protestants avaient été les meilleurs citoyens de la France, après avoir voulu pendant quelque temps conquérir leur indépendance politique. Ils n'avaient obtenu, en effet, la liberté de leur culte qu'à la fin du seizième siècle (1598), lorsque Henri IV la leur avait accordée par l'*édit de Nantes*. Mais le massacre de la Saint-Barthélemy (1572) était encore trop près d'eux pour qu'ils n'eussent pas conservé de la défiance contre les catholiques.

Pour les rassurer, Henri IV leur avait accordé des places de sûreté, c'est-à-dire des villes fortes dont le gouvernement était confié à un chef protestant, et où ils pouvaient se retirer, si les catholiques ne tenaient pas leurs engagements.

Cette concession, rendue malheureusement nécessaire par la mauvaise foi des rois, prédécesseurs d'Henri IV, était fort dangereuse : les protestants, par la nature de leurs doctrines religieuses, n'étaient pas bien disposés pour le pouvoir absolu, qui atteignit son plus haut point à cette époque, sous la dynastie des Bourbons. Ils avaient voulu profiter de la faiblesse des ministres, de la jeunesse de Louis XIII, fils d'Henri IV, pour obtenir, les armes à la main, dans l'ouest de la France, les libertés que les rois refusaient au reste de la nation.

La ville de La Rochelle fut sur le point de s'organiser en république marchande. Mais alors le cardinal de Richelieu gouvernait au nom de Louis XIII, et il sut employer toute son énergie pour forcer les protestants à demeurer Français. Ils avaient eu raison de protester contre le despotisme des rois; mais ils avaient eu tort de vouloir se séparer de leur patrie.

Vaincus par Richelieu, et bien conseillés par les plus illustres de leurs coreligionnaires, qui restaient Français avant tout, les protestants restèrent désormais dévoués à la France, et se contentèrent de la liberté de leur culte. Le ministre Mazarin, qui était cardinal et Italien, c'est-à-dire deux fois catholique, fut tellement satisfait de leur attitude pendant la guerre civile de la Fronde, dirigée contre le gouvernement de la minorité de Louis XIV, qu'il les appela « le troupeau fidèle ».

Ils fournirent à l'armée de ce roi des généraux habiles, comme Schomberg, à la marine de grands amiraux, comme Duquesne, mais surtout des commerçants remarquables par leur habileté et leur loyauté, et des administrateurs utiles par leur esprit d'ordre et de régularité.

Le grand ministre des finances, Colbert, qui en avait rempli ses bureaux, les défendit jusqu'à sa mort contre l'intolérance des catholiques, que partageait Louis XIV. Il aurait voulu, en effet, qu'il n'y eût en France qu'une seule religion, comme il n'y avait qu'un seul roi.

Mais si pendant longtemps on n'osa les chasser de France, on multiplia contre eux les vexations. On leur interdit les fonctions libérales, on restreignit le nombre de leurs temples, au point de rendre presque impossible l'exercice de leur culte.

Un jour, un grand nombre de pauvres mères protestantes avaient dû aller porter leurs enfants au baptême dans une ville éloignée, à Marennes (Charente-Inférieure). On était en hiver; lorsqu'elles arrivèrent, on s'aperçut que beaucoup de ces petites créatures avaient péri de fatigue et de froid pendant le voyage. D'autres persécutions suivirent; on permit aux enfants de se convertir au catholicisme, malgré leurs parents, dès la première jeunesse; on paya l'apostasie des protestants pauvres sur les fonds de l'État. Toutefois, tant que Colbert vécut, on n'osa pas encore conseiller à Louis XIV de révoquer l'édit de Nantes.

Mais après sa mort (1683), le roi se laissa persuader que les protestants diminuaient de jour en jour. Il autorisa les prédications catholiques, qui enlevaient à leurs familles les garçons et les jeunes filles surtout, plus faciles à influencer. Quelques-uns des ministres de Louis XIV, Louvois surtout, trouvait ces moyens trop lents, et il envoya dans les villes et les villages habités par les protestants des dragons en garnison.

Ces soldats, sachant qu'ils n'avaient rien à craindre de l'autorité supérieure, commirent tous les excès, s'installèrent dans les maisons protestantes, où ils apportèrent la ruine et souvent la honte. Beaucoup de réformés, pour échapper à cette soldatesque à laquelle on donnait ironiquement le nom de *mission bottée,* firent profession de catholicisme, en gardant au fond du cœur la foi protestante. Le roi crut que le protestantisme était mort en France, et il signa enfin la *révocation de l'édit de Nantes* (octobre 1685).

Les prêtres et les ministres protestants devaient quitter la France dans un délai fort court. Tous les autres protestants devaient y rester, mais défense leur était faite de pratiquer leur culte.

La plupart préférèrent s'exiler, et six cent mille réformés parvinrent à quitter la France au milieu des plus grands périls. Ceux qui furent pris dans leur fuite subirent les plus cruelles tortures; on les enferma dans les prisons, on les fit ramer sur les *galères,* vaisseaux antiques qui n'existaient plus que sur la Méditerranée, et où les rameurs étaient des assassins et des voleurs. Leurs filles furent enfermées dans des couvents, où on fit tout pour les convertir au catholicisme.

Mais à côté des protestants qui partirent, il y en avait qui étaient trop pauvres pour émigrer ou qui ne pouvaient se résigner à quitter leur patrie. Ceux-là, pour pouvoir continuer à observer leur religion, s'enfuirent dans les montagnes des Cévennes et se cachèrent dans les grottes et dans les cavernes.

Quelques ministres restèrent avec eux pour les encourager; on les appelle dans l'histoire les *pasteurs du désert.*

De 1685 à 1701, les protestants des Cévennes vécurent dans les lieux les plus sauvages, exposés au froid, à la faim et aux plus cruelles inquiétudes; l'excès de leurs misères et l'exaltation causée par la persécution religieuse frappèrent leurs esprits. Des enfants, des petits bergers, saisis d'un enthousiasme voisin de l'hallucination, se mirent à prêcher cette foule dénuée de tout et pleine d'horreur au récit journalier des souffrances subies par leurs frères restés dans les villes ou gémissant dans les prisons malsaines et infamantes.

Quelques hommes courageux songèrent alors à la résistance et s'y préparèrent avec l'énergie du désespoir. C'était pour eux le moyen suprême d'échapper aux persécutions de Bâville, intendant du Languedoc (on dirait aujourd'hui le préfet). Ils s'organisèrent militairement sous des chefs intrépides et exaltés; ils résistèrent aux troupes royales, souvent avec succès. Bâville brûla vainement les villages protestants, par une mesure générale ; il ne réussit qu'à exaspérer les *camisards* : ainsi les appelait-on, à cause d'un vêtement blanc ou chemise qu'ils portaient pour se distinguer. Ils devinrent à leur tour

Les dragons, envoyés dans les villes et dans les villages, commirent toutes sortes d'excès.

impitoyables. Un maréchal de France, Montrevel, renonça à les réduire. On songea à Villars, « pour employer, disait-il gaiement, un empirique là où les médecins ordinaires avaient échoué. »

Le nouveau pacificateur s'est vanté de

n'avoir jamais oublié qu'il avait affaire à des Français et à des braves, et de n'avoir jamais manqué aux promesses qu'il leur fit. Il entama des négociations avec l'un des chefs camisards, Cavalier, et le détacha de son parti. Aux uns il promit l'oubli pour prix de leur soumission, aux autres la mort pour prix de leur résistance.

Villars obtint, en effet, la tranquillité du pays, mais il ne paraît pas avoir toujours préféré les moyens doux. Il semble, au contraire, qu'il suivit trop souvent les conseils de Bâville, et que les camisards trouvèrent en lui un vainqueur plus d'une fois impitoyable. La pacification des Cévennes lui valut le titre de duc (5 janvier 1705).

VI

VILLARS A MALPLAQUET

Villars ne se voyait pas sans tristesse réduit à la guerre des montagnes et écarté des grandes affaires. Il employait tous les moyens pour attirer sur lui l'attention du roi. Il lui offrit un jour ses revenus jusqu'à la paix, soit 71,000 livres ou 280,000 francs de nos jours. Louis XIV n'accepta pas, naturellement, mais se reprit à songer à lui, et Villars obtint le commandement des soixante mille hommes de l'armée de la Moselle.

Il fallait couvrir la frontière du nord-est de la France, ouverte après les défaites des généraux, successeurs de Villars en Allemagne. Il revenait sur le théâtre de ses anciens succès, avec plus d'expérience et de maturité. Il ne négligea « ni un ravin, ni un bouquet de bois, ni un ruisseau, ni un monticule, ni une fondrière. » Et, la ligne de défense ainsi explorée, il vint se placer au centre, à Haute-Sierck.

Là, il se garda avec un soin jaloux, rétablit chaque jour la discipline parmi les soldats démoralisés. Il donna à ses troupes quelque chose de sa bonne humeur, faisant en sorte « qu'elles fussent bien payées, le pain et la viande bien fournis, le soldat gai ».

Aussi le général anglais Marlborough, qui espérait profiter de la désorganisation qu'il supposait être dans l'armée française, se heurta à des lignes formidables. Au lieu de l'avaler « comme un grain de sel », disait Villars, Marlborough jeta un regard d'envie sur les fortifications inexpugnables de Sierck, et, en se retirant, il envoya au maréchal des liqueurs d'Angleterre, en lui exprimant le regret qu'il avait de ne pouvoir se mesurer avec lui.

L'armée de la Moselle se trouva alors réduite à l'inaction, au grand désespoir de son chef; mais il refusa de servir pour la seconde fois sous le duc d'Orléans, en Italie, sur un théâtre plus animé. En 1707, il établit son quartier général à Strasbourg, et c'est au milieu d'une de ces fêtes qu'on lui reprochait à la cour, qu'il partit subitement pour une expédition dans le pays de Bade. Il parvint rapidement jusqu'au Danube.

A ce moment, le roi de Suède, Charles XII, ennemi des Russes et de l'Empire, était en Saxe. Villars lui fit proposer de s'unir aux Français et de marcher avec lui sur Nuremberg et de là sur Vienne. Charles XII n'aimait pas la France; il refusa. Villars, réduit à ses propres forces, se vengea de son inaction en pillant tout le pays ennemi. Les habitants d'une ville qu'il rançonnait lui objectaient que Turenne avait autrefois respecté leur bourse. Il leur répondit avec plus d'esprit que de scrupule : « M. de Turenne est inimitable en tout. » Et il les fit payer.

L'arrivée de l'électeur de Bavière à la tête de l'armée du Rhin força Villars à accepter un commandement dans le Dauphiné, mais sa marche en Piémont ayant été arrêtée par la capitulation prématurée d'Exilles, il revint à Versailles, au moment où le duc de Bourgogne, petit-fils de Louis XIV, ayant refusé de suivre les conseils du duc de Vendôme, venait de perdre la bataille d'Oudenarde, dans la Flandre belge. La frontière du nord était entamée et la grande forteresse de Lille assiégée.

Villars fut consulté et conseilla, comme Vendôme, une action énergique pour dégager Lille; mais on ne croyait pas encore à la valeur de ses conseils, et on laissa Lille capituler. C'était une calamité de plus à ajouter à toutes celles qui accablaient alors le royaume. La France était épuisée d'hommes et d'argent par les guerres et les coûteuses constructions de ce long règne qui ne voulait pas finir.

L'hiver de 1709 fut l'un des plus rigoureux qu'on ait connus; le pain manqua presque partout dans les campagnes, la misère se fit sentir même à Versailles. Dans les cas désespérés, on pensait toujours à Villars, et on songea enfin à lui confier le commandement le plus important: celui de l'armée de Flandre.

Les soldats de cette armée allaient nu-pieds, mangeaient des racines, et en étaient arrivés à vendre leur fusil pour un morceau de pain. Villars apporta avec lui son imperturbable sang-froid, et, ce qui doit surtout lui être compté, une grande compassion pour les souffrances du soldat. « Imaginez-vous, « écrivait-il au ministre, l'horreur de voir « une armée manquer de pain. Hier, pour « donner du pain aux brigades que je faisais « marcher, j'ai fait jeûner celles qui restaient. « Dans ces occasions, je passe dans les rangs, « et j'ai la consolation d'en entendre plusieurs « dire : M. le maréchal a raison, il faut souf- « frir quelquefois. »

Il fallait Villars pour ne pas se rebuter du profond découragement de son armée, battue sans cesse depuis quatre ans. A force de payer de sa personne, il parvint à lui rendre la gaieté, qu'il appelait l'âme de la nation. Dans ces troupes, prêtes la veille à la déban- dade, on vit les officiers se contenter d'un morceau de pain et supporter patiemment l'absence d'une chemise, voire même d'un habit.

Les soldats, l'estomac creux, au milieu des marches pénibles, n'élevaient la voix que pour dire, en tendant les bras vers lui : « *Panem nostrum quotidianum da nobis hodie* : Donnez-nous aujourd'hui notre pain quotidien. » Villars s'en tirait par une plaisanterie, mais il était profondément attendri par cette patience à supporter la misère.

Il écrivait au ministre que les soldats s'ac-

Villars dans les tranchées.

coutumaient à souffrir. « Je crois, cependant, « ajoutait-il, que l'habitude de ne pas manger « n'est pas bien facile à prendre. » A force d'énergie, de vaillance, d'esprit et de persévérance, Villars trouva moyen de passer l'hiver de 1709 et de se maintenir à portée des ennemis.

C'était un miracle d'habileté et de volonté, et cependant ses boutades continuelles, sa manière envolée de diriger les affaires, le faisaient passer pour un chef léger et téméraire. Fénelon, qui lui donna quelque temps l'hospitalité dans son palais épiscopal de Cambrai, se faisait l'écho des jalousies de son état-major, et conseillait à Louis XIV d'abandonner au besoin aux étrangers sa frontière de la France jusqu'à la Somme, s'il ne comptait que sur Villars pour rétablir les affaires.

Cependant le maréchal organisait toujours, et, au mois d'août 1709, il débouchait dans la plaine de Douai avec quatre-vingt mille hommes impatients de combattre.

Louis XIV hésitait à permettre une bataille. Le vieux maréchal de Boufflers, qui avait demandé à servir sous les ordres de Villars, obtint enfin l'autorisation nécessaire. Ce fut un moment d'anxiété solennelle pour la France entière, qui attendit, au milieu des prières publiques, les nouvelles du théâtre de la guerre.

Le 9 septembre 1709, l'armée française atteignit les troupes du prince Eugène et de

Marlborough à Malplaquet, sur la route de Valenciennes à Mons. En apprenant l'approche de l'ennemi, les soldats jetèrent leur pain et coururent aux armes (11 septembre). Villars commandait à gauche, Boufflers à droite.

L'action s'engagea à huit heures du matin. Les Hollandais furent d'abord repoussés; mais Eugène et Marlborough se portèrent sur le centre français, qui plia. Villars s'y rendait pour le soutenir, lorsqu'il fut blessé au genou. Il dut quitter le champ de bataille. Boufflers essaya de se maintenir. Il repoussa un instant la cavalerie ennemie; mais, tourné par Marlborough, il se retira lentement et tira le dernier coup de feu. Il avait emporté jusqu'à ses marmites.

Sur vingt-sept mille morts, vingt mille appartenaient aux ennemis. Cette sanglante défaîte de Malplaquet fut à la fois utile et glorieuse pour la France. Villars pouvait se vanter d'avoir cru être à la tête des anciennes légions romaines, et s'il avait tort d'écrire à Louis XIV: « Encore une défaîte semblable et vos ennemis seront détruits », il était vrai qu'Eugène et Marlborough, trop affaiblis, n'avaient pas osé marcher en avant.

VII

VILLARS A DENAIN

L'opinion publique ne fut pas ingrate. La blessure du maréchal était grave; on le transportait à petites journées à Versailles. Sur le chemin de sa litière, les populations se pressaient, comme elles s'étaient autrefois portées au devant de Turenne, lorsqu'il avait sauvé la France de l'invasion. Louis XIV lui donna l'appartement du prince de Conti, et vint s'entretenir deux heures avec lui. Pour la première fois il était à la mode, et ses ennemis se taisaient.

La popularité fut pour lui un aiguillon nouveau. Dès qu'il put marcher (avril 1710), il repartit pour l'armée, le genou dans un appareil de fer. Il fallait le monter à cheval et l'en descendre. Il n'en fortifia pas moins la Flandre française avec son activité accoutumée. Mais on se défiait encore de lui, on lui avait adjoint le maréchal Berwick, aussi froid qu'il était bouillant. Aussi Villars proposait-il les plans les plus hardis, sûr que Berwick en rabattrait toujours assez.

Le temps s'écoulait cependant sans qu'on fît rien. « L'armée de Flandre, écrivait-il tristement, n'est pas désirée par le soldat; on y « meurt de faim l'hiver et on y est tué l'été. »

L'année 1711 se passa dans la même inaction. Villars prit une part indirecte aux tristes négociations dans lesquelles la France fut si cruellement humiliée. Seule, l'Angleterre proposait sérieusement la paix, au prix d'avantages exorbitants. Les autres États de l'Europe exigeaient que Louis XIV chassât lui-même son petit-fils de l'Espagne. Villars reçut alors l'autorisation de frapper un coup important qui hâtât les négociations et permît au roi de se soustraire à la honteuse condition qu'on prétendait lui imposer (1712).

Avant son départ, Louis XIV avait dit au maréchal : « Si vous perdez ma dernière ar-« mée, je ramasserai ce que j'aurai de troupes, « je ferai un dernier effort avec vous, nous « périrons ensemble ou nous sauverons « l'État. » Les paroles de Louis XIV ont été, il semble, exagérées par Villars ; la France était sûre de la paix. Il fallait la rendre la moins onéreuse possible. Ce fut la victoire de Denain qui obtint ce résultat.

Le prince Eugène assiégeait Landrecies sur la Sambre ; il occupait aussi les positions de Denain sur l'Escaut, et de Marchiennes. Sur l'avis de Louis XIV et sur le conseil de son lieutenant, le maréchal de Montesquiou, Villars résolut de prendre Denain, situé au centre. Il feignit de vouloir attaquer le camp de Landrecies et fila rapidement et en grand secret sur Denain.

Le 24 juillet 1712, il passa l'Escaut. Le prince Eugène, prévenu trop tard, arriva pour voir passer les derniers bataillons français. L'armée attaqua le camp de Denain l'arme au bras et avec un ordre admirable. L'assaut fut donné sans que les fossés eussent été comblés, dix-sept bataillons hollandais furent pris.

Les ennemis de Villars attribuèrent encore la victoire au maréchal de Montesquiou. Villars n'en est pas moins resté pour la postérité le vainqueur de Denain, car seul il avait été capable de donner à l'armée l'élan et la rapidité nécessaires à l'opération. Il sut d'ailleurs profiter de son succès, dégagea la frontière du Nord et rejeta Eugène sous Bruxelles. Il contribua ainsi à la signature des premiers traités d'Utrecht (avril 1713).

L'empereur refusant de s'avouer vaincu, Villars marcha sur l'Allemagne, conquit le Palatinat, et le réduisit à demander la paix. Il fut chargé, avec le prince Eugène, d'en régler les conditions. Les deux grands hommes de guerre, rejetant les finesses de la diplomatie, traitèrent en jouant au piquet. Villars obtint pour la France la ville de Landau.

Quand il revint à Versailles, Louis XIV le combla d'égards. Il eut l'appartement du duc de Bourgogne, mort en 1713, le gouvernement de la Provence, le *collier de la Toison d'or,* ordre espagnol très rare et réservé aux têtes couronnées. Toutefois, les préventions que son caractère avait toujours fait naître, persistèrent. Louis XIV lui refusa la présidence du conseil des finances et pendant la dernière année du règne, il fut, selon son expression, réduit à se mêler « aux fainéants » de la Cour. Enfin le roi lui refusa toujours le titre de connétable, avec lequel on l'avait leurré dès le début de la guerre de la succession d'Espagne.

VIII

DERNIÈRES ANNÉES DE VILLARS

Malgré ces déconvenues, Villars ressentit amèrement la mort de Louis XIV (1er septembre 1715). Il avait toujours admiré le roi. Il avait lui-même soixante-deux ans et prévoyait d'autres idées et d'autres mœurs. Il était le dernier représentant, avec Berwick, de la grande école des généraux du dix-septième siècle. Il aimait peu le duc d'Orléans,

Louis XV, enfant, avait pour gouverneur le maréchal de Villeroi qui lui disait un jour, en lui montrant le peuple : « *Sire, tout cela est à vous* ».

régent au nom de Louis XV, âgé seulement de cinq ans. Il soutint toujours les dernières volontés de Louis XIV, même dans ce qu'elles avaient de condamnable; il attaqua la politique étrangère du confident du régent,

Dubois, et le systéme financier de l'Écossais Law, qui ruina la France.

Cette opposition ne lui était inspirée que par son mécontentement des choses présentes; il le poussa si loin, qu'il faillit être compromis dans une conspiration ourdie contre le régent par l'ambassadeur espagnol Cellamare.

Depuis lors, jusqu'en 1723, il vécut dans son château de Villars, où il multiplia les fêtes. Il eut pour hôte assidu le grand écrivain Voltaire, qui commençait à être connu. Surtout il prit des notes sur sa vie, dont on a composé ses mémoires, et dont la première partie est peut-être seule de lui.

D'ailleurs, au milieu même de la retraite où il était réduit à se tenir, Villars ne pouvait entièrement mentir à ses habitudes de vanité. Il avait été élu membre de l'Académie française après la paix d'Utrecht. Son discours de réception avait fait beaucoup de bruit, parce que le maréchal avait fait entendre que, sans la défense expresse de Louis XIV, il y aurait introduit les confidences que le roi lui avait faites à l'époque la plus sombre de la guerre de la succession d'Espagne.

Il avait ainsi réussi à se faire à l'Académie une place à part parmi les hommes de guerre ou les nobles qui étaient élus, sans avoir de titres littéraires ou scientifiques, parce que leur élection était agréable au roi. Il aurait voulu, comme partout ailleurs, y jouir d'une prépondérance plus grande encore, et, malgré tout son esprit, il prétendit jouer le rôle de protecteur à l'égard des académiciens.

Comme les deux premiers fondateurs de l'Académie, Richelieu et le chancelier Séguier, comme Louis XIII et Louis XIV, il voulut faire placer son portrait dans la salle même des séances. C'était prétendre marcher du même pas que les rois de France. L'Académie, fort embarrassée par cette prétention de Villars, s'en tira en décidant qu'elle placerait en même temps les portraits de Boileau et de Racine.

D'ailleurs, Villars était grand amateur de littérature. Il aimait à faire jouer dans son château les comédies et les tragédies nouvelles, et il s'était lié avec Voltaire à propos de sa tragédie d'*Œdipe* (1718). Il est curieux de voir le vainqueur de Denain s'occuper d'organiser lui-même les représentations, et de faire tenir, dans *Polyeucte* de Corneille, les rôles de Pauline et de Stratonice par deux soldats du régiment du roi.

Cet amour des lettres faisait plier l'orgueil nobiliaire de Villars, et il traitait Voltaire avec une familiarité affectueuse qui est tout à son honneur. Le poète, qui fut malade toute sa vie, venait d'être indisposé; le maréchal lui écrivit :

« Venez ici manger de bons potages à des « heures réglées, ne faites que quatre repas « par jour, couchez-vous de bonne heure, ne « voyez ni papier ni encre : deux mois d'un « pareil régime valent mieux que tous les « médecins du monde. »

Cette estime que Villars avait pour les gens d'esprit et de talent l'éleva, à propos d'une aventure du même Voltaire, au-dessus des préjugés les plus chers à sa caste. Voltaire avait (1726) été grossièrement insulté par le chevalier de Rohan, qui appartenait à l'une des plus grandes familles de France. Pour avoir raison de cet outrage, le poète provoqua en duel le grand seigneur. Le chevalier se montra indigné de recevoir un défi d'un roturier, et le fit bâtonner en plein jour.

Villars écrivit à ce sujet dans ses Mémoires : « Le public trouva, avec raison, que « le chevalier de Rohan avait eu tort d'oser « commettre un crime *digne de mort* en faisant « battre un citoyen. » Il ne fallait pas être, au dix-huitième siècle, un homme ordinaire pour attacher à la dignité d'un citoyen, sans distinction de classe, un aussi grand prix.

A la majorité de Louis XV (1723), il reparut à la cour. Dix ans plus tard (1733), il conseilla au ministre Fleury de soutenir en Pologne les droits à la couronne de Stanislas Leczynski, père de la reine de France, et en Italie les intérêts des deux fils de la reine d'Espagne, seconde femme de Philippe d'Anjou. Nommé maréchal général, il reçut le commandement de l'armée d'Italie, et partit pour Turin avec les cocardes des reines d'Espagne, de France et de Sardaigne à son chapeau.

Toute sa vieille ardeur de militaire, sa soif

de distinctions et de récompenses se réveillèrent plus vives que jamais, et l'on a de la peine à comprendre cette phrase que le maréchal octogénaire écrivait au moment de partir pour l'Italie. La dernière page de ses Mémoires était un dernier cri d'ambition :

« On me presse de partir, et j'ai donné au « garde des sceaux un Mémoire par lequel je « demande, avant que de partir, des grâces « distinguées qu'il est aisé de deviner; et, le « 19 octobre 1733, M. d'Angervilliers, mi- « nistre de la guerre, m'a été envoyé par le « roi, pour me dire que, ne pouvant faire de « connétable, il me donne la charge de *ma- « réchal général de France*, qui me donne le « commandement sur tous les maréchaux de « France, quand il y en aurait de plus « anciens que moi, avec plusieurs autres pré- « rogatives et dix mille écus d'appointe- « ments. Je me suis rendu, d'autant plus que « le commandement qu'on m'offre est si « important, que je ne crois pas pouvoir « refuser à mon roi et au roi d'Espagne, tant « qu'il me reste une goutte de sang dans les « veines, les services qu'ils me demandent. »

Au sortir d'un bal à Turin, comme jadis à Strasbourg, il conquit le Milanais avec sa rapidité d'autrefois. Mais son corps était plus vieux que son âme. Il se sentit malade, sans que son caractère devînt plus souple avec sa faiblesse physique; comme à cinquante ans, avec l'électeur de Bavière, il ne put s'entendre avec le roi de Sardaigne, et revint à Turin.

Il comprit aussitôt qu'il n'irait pas plus loin. Comme il perdait déjà ses dernières forces, quelqu'un annonça autour de son lit que le maréchal de Berwick venait d'être emporté par un boulet. « Cet homme, dit alors Villars, a toujours été plus heureux que moi. »

Villars mourut le 17 juin 1734. Il restait fidèle jusqu'au dernier instant aux habitudes de toute sa vie, à son amour pour le bruit et les fêtes, à son orgueil inflexible, mais aussi à ses instincts d'homme de guerre, et son dernier vœu était celui du soldat : la mort sur le champ de bataille.

Dans sa longue carrière de quatre-vingts ans, Villars n'est pas plus intact devant l'histoire qu'il ne le fut devant ses contemporains. « Cet assez grand homme brun, bien fait, « devenu gros en vieillissant, sans en être « appesanti, avec une physionomie vive, sor- « tante, ouverte et véritablement un peu « folle, » dont parle Saint-Simon, a bien des choses dans sa vie qu'on aimerait n'y pas voir.

Sans parler de sa vanité incurable, de son ambition sans frein, il est difficile de lui pardonner cette insatiable avidité qu'il satisfit dans ses campagnes. Il est vrai que c'était un vice commun aux grands seigneurs de l'ancien régime, peut-être une nécessité de la situation onéreuse de courtisan. Villars, d'ailleurs, avouait naïvement ses rapines : « Je tirai de très grosses sommes d'Alle- « magne, avouait-il : la première servait à « payer l'armée; avec la deuxième, je retirai « les billets de subsistance des officiers. Je « destinai la troisième à engraisser mon *veau* « (son château de Vaux). » Louis XIV approuvait fort cette manière d'agir, que Villars n'eût sans doute pas pratiquée dans d'autres temps.

Mais il aurait toujours eu son coup d'œil, son sang-froid militaires, son ardeur et son courage invincibles, son amour du soldat, sa croyance même en son bonheur qu'il mettait au service du roi et de la patrie. C'était un Français par l'esprit et par ses brillantes qualités, et puisqu'il arrive dans l'histoire avec le surnom de *vainqueur de Denain,* rappelons-nous, selon un mot de Louis XIV, que « s'il sut faire ses affaires, il sut faire encore mieux les affaires de la France. »

Saint-Denis. — Imp. Picard-Bernheim et Cie. — U. P. — 2741.

www.ingramcontent.com/pod-product-compliance
Ingram Content Group UK Ltd.
Pitfield, Milton Keynes, MK11 3LW, UK
UKHW020953180726
13838UKWH00003B/1305